KATZEN

Malbuch

Marjorie Sarnat

h.f.ullmann

Verziert mit Herzen, Blumen und vielen anderen Motiven setzen diese liebevoll gestalteten Katzenportraits die Samtpfoten optimal in Szene. So entsteht eine abwechslungsreiche Bildauswahl, die speziell für fortgeschrittene Ausmaler konzipiert wurde.
Lass dich sich inspirieren und schaffe beim Ausmalen ein ganz persönliches Kunstwerk!

Dank der Perforation kann jede Seite einzeln herausgenommen werden. So werden die Kunstwerke zu einem wunderbar individuellen Geschenk oder der Beginn einer eigenen Bildersammlung für die Wand.

Originaltitel: Creative Cats

Coverillustration Buntstifte: shutterstock

Gesamtherstellung: Ullmann Medien GmbH, Birkenstr. 10, D-14469 Potsdam

ISBN 978-3-7415-2095-2

MUSIC

50
XOX

S
P

IMAGINE
LOVE
PEACE

If I Only Have
Nine Lives
Let Me Spend
Them All
With You

Life is an art

SOUTH PACIFIC
CAIRO
PARIS
NEW YORK
RUSSIA
CALCUTTA
CHINA
AFRICA
ANTARCTICA
Australia
JAPAN
PISA
Perú
CANADA
MEXICO